Metzingen

Metzingen

Grünes Zentrum am Fuße der Alb

Mit Aufnahmen von Arnold Handel
und Textbeiträgen von
Rolf Bidlingmaier, Eva Focht-Rabel, Frieder Gaenslen,
Alfred Lorenz, Heinrich Ostarhild, Karl Schnizer
und Walter Veit

Silberburg-Verlag

Inhalt

Rolf Bidlingmaier
Metzingen im Wandel
der Jahrhunderte   5

Walter Veit
Eine unverwechselbare
Stadt   16

Eva Focht-Rabel
Die Stadt mit den zwei
Gesichtern   34

Alfred Lorenz
Konturen der Landschaft   45

Frieder Gaenslen
Arbeit und Leben   56

Heinrich Ostarhild
Weinbau mit Tradition   68

Karl Schnizer
Kultur, Sport und Freizeit   77

Fremdsprachliche
Textzusammenfassungen
Englisch   90
Französisch   92
Ungarisch   94

Metzingen im Wandel der Jahrhunderte

Die ersten Siedlungsspuren auf der Markung Metzingen reichen bis in die Jungsteinzeit vor 3500 Jahren zurück, wie Funde aus jener Zeit bezeugen. Nach den Kelten und den Römern gründeten die Alemannen hier erneut eine Siedlung. Der Name »Metzingen« leitet sich von dem alemannischen Sippenältesten Matizzo ab.

Im 7. Jahrhundert spaltete sich von der Metzinger Markung der heutige Teilort Neuhausen an der Erms ab, während der Stadtteil Glems als Tochtersiedlung von Dettingen an der Erms entstand. Mit der Christianisierung der Alemannen erhielt Metzingen eine dem heiligen Martin geweihte Kirche, die zugleich als eine der Urpfarreien des Ermstals anzusehen ist. Später wurde sie zu einer Wehrkirche ausgebaut.

Im Jahr 1075 wird Metzingen im Hirsauer Formular mit dem Adeligen Eberhard von Metzingen erstmals urkundlich erwähnt. Der Ort selbst erscheint erstmals 1089 im Bempflinger Vertrag. Damals übergaben die Grafen von Achalm nach der Gründung des Klosters Zwiefalten die Hälfte des Ortes und der Metzinger Kirche an ihren Neffen, den Grafen Werner von Grüningen. Zur selben Zeit kam Neuhausen an das Kloster Zwiefalten, unter dessen Herrschaft der Ort bis zum Jahr 1750 verblieb.

Infolge der verkehrsgünstigen Lage entwickelte sich Metzingen zu einer stadtähnlichen Siedlung und bekam Marktrechte verliehen. Die angebliche Verleihung von Stadtrechten durch Kaiser Friedrich I. Barbarossa 1152 läßt sich urkundlich nicht belegen.

In Metzingen hatte damals die Familie der Herren von Metzingen bzw. der Stöffeln von Weinberg ihren Sitz. Eine ihrer Burganlagen befand sich auf dem Metzinger Weinberg. Im Jahr 1317 verzichteten die Herren von Stöffeln auf ihren Anteil an Metzingen zugunsten der Grafen von Württemberg, die den anderen Teil vermutlich schon Mitte des 13. Jahrhunderts erworben hatten. Damit stand den Württembergern zwar die Ortsherrschaft zu, der Grundbesitz befand sich aber nach wie vor in der Hand verschiedener Herrschaften. So hatten die Klöster Zwiefalten, Offenhausen, Hirsau und Bebenhausen in Metzingen Besitz, zu denen später noch die Universität Tübingen hinzukam. Die Grundherren bezogen aus Metzingen neben anderen Naturalien auch Wein, der schon damals in den 1281 erstmals erwähnten Keltern ausgebaut wurde.

Graf Eberhard im Bart machte Metzingen 1489 zum Sitz eines Unteramts. Nach der Jahrhundertwende wurde die Martinskirche in spätgotischen Formen neu errichtet. Neben einem Badhaus besaß der Marktflecken seit 1529 eine Schule.

Unter Herzog Ulrich erfolgte 1537 die Einführung der Reformation. Die Metzinger wurden evangelisch, was zu Konflikten mit dem Kloster Zwiefalten führte, das hier das Patronatsrecht für die erste Pfarrstelle besaß.

Am Ende des 16. Jahrhunderts war in Metzingen durch den florierenden Weinbau ein gewisser Wohlstand vorhanden, der sich in einem starken kommunalen Selbstbewußtsein manifestierte. Schon 1562 errichteten die Metzinger ein Rathaus, und 1613 konnte der Turm der Martinskirche nach Plänen von Heinrich Schickhardt in Renaissanceformen vollendet werden. Von Herzog Johann Friedrich bekamen die Metzinger 1616 ein eigenes Siegel verliehen, das heutige Stadtwappen mit dem Krauthaupt und der württembergischen Hirschstange.

Ein jähes Ende fand die Blütezeit in den Wirren des Dreißigjährigen Krieges. Nach der Schlacht bei Nördlingen 1634 erlitt Metzingen starke Zerstörungen; der halbe Ort mit dem Rathaus und einem Teil der Keltern wurde niedergebrannt. Die nachfolgende Pest raffte zwei Drittel der Bevölkerung dahin.

Von den herben Verlusten hatte sich die Stadt erst im 18. Jahrhundert wieder erholt. Neben dem Bauern- und Weingärtnerstand entwickelte sich nun das Textil- und Gerberhandwerk. Bereits zu Beginn des 19. Jahrhunderts gab es in Metzingen Ansätze zur Industrialisierung. 1820 und 1824 entstanden die ersten Textilfabriken am Ort.

Seit dem Ende des 18. Jahrhunderts war die Bevölkerungszahl stark im Wachsen begriffen. 1831 zählte Metzingen 4084 Einwohner. Auf Antrag der Zünfte wurde Metzingen am 21. September 1831 durch König Wilhelm I. zur Stadt erhoben.

Mißernten und Hungerjahre beeinträchtigten die Entwicklung in den dreißiger und vierziger Jahren des 19. Jahrhunderts. Damals herrschte auch in Metzingen Not und Armut; viele wanderten nach Nordamerika aus.

Der Eisenbahnanschluß im Jahr 1859 war ein wichtiger Faktor für den wirtschaftlichen Aufstieg Metzingens. In den folgenden Jahren entstanden zahlreiche kleinere Industriebetriebe, vor allem Gerbereien und Textilfabriken, aber auch Betriebe im metallverarbeitenden Gewerbe und in der chemischen Industrie. Zahlreiche Metzinger Unternehmer kamen bis zur Jahrhundertwende zu Reichtum und Wohlstand, was heute noch an den Fabrikantenvillen aus dieser Zeit ablesbar ist.

Unter den Stadtschultheißen Friedrich Caspar und Wilhelm Carl entstand in der Zeit des Kaiserreichs eine ganze Reihe neuer öffentlicher Einrichtungen, so die Alte Turnhalle, die Hindenburgschule und der Schlachthof; damals erhielt auch das aus dem 17. Jahrhundert stammende Alte Rathaus seine heutige Form.

Der Erste Weltkrieg bedeutete für Metzingen einen tiefen Einschnitt. 192 Soldaten kehrten nicht wieder in die Heimat zurück.

Während der Inflation und der Weltwirtschaftskrise in den zwanziger und zu Beginn der dreißiger Jahre gab es in Metzingen zahlreiche Arbeitslose; viele Betriebe mußten schließen. Die Stadt suchte dem mit Arbeitsbeschaffungsmaßnahmen entgegenzuwirken.

Bei der Feier zum hundertjährigen Stadtjubiläum 1931 konnte Bürgermeister Carl den württembergischen Staatspräsidenten Eugen Bolz, den späteren Widerstandskämpfer, in Metzingen begrüßen. Zwei Jahre danach wäre dies nicht mehr möglich gewesen – mit der Machtergreifung der Nationalsozialisten 1933 ging die Entwicklung in eine ganz andere Richtung. Bald wurden alle linksorientierten Parteien und Vereine, darunter die in Metzingen stark vertretene KPD, aufgelöst und ein Teil ihrer Mitglieder in Schutzhaft genommen. Durch eine Umbildung erfolgte die Gleichschaltung des Gemeinderats. So fiel der seit 1932 mit drei Sitzen im Gemeinderat vertretenen NSDAP plötzlich die Mehrzahl der Gemeinderatsmandate zu. Die Nationalsozialisten richteten auf dem Säbühl eine Gaubeamtenschule ein. Im Rahmen der Judenverfolgung wurde eine in Metzingen wohnhafte jüdische Familie deportiert.

Während des Zweiten Weltkriegs blieb Metzingen von Zerstörungen weitgehend verschont, jedoch waren über 500 Gefallene und Vermißte zu beklagen. Am 19. April 1945 wurde Metzingen kampflos den Amerikanern übergeben, denen wenige Tage später die Franzosen folgten.

Aufgrund des verlorenen Krieges kamen zahlreiche Flüchtlinge und Heimatvertriebene nach Metzingen, für die neue Bleiben errichtet werden mußten. Durch das »Wirtschaftswunder« konnten diese Aufgaben, wie auch die Schaffung einer neuen Infrastruktur und neuer Arbeitsplätze, in den fünfziger, sechziger und siebziger Jahren bewältigt werden. Damals entstanden zahlreiche Neubaugebiete, so die Siedlung Im Millert und später der Stadtteil Neugreuth. Die Oberschule wurde in ein Gymnasium umgewandelt, für das auf dem Ösch ein Neubau errichtet wurde. Ebenso erhielten die Neugreuthschule und die Schönbeinrealschule eigene Gebäude.

Unter Bürgermeister Eduard Kahl entstanden in den siebziger Jahren als Meilensteine der Stadtentwicklung eine Stadthalle und ein Hallenbad. Im Zuge der Verwaltungsreform wurden in den Jahren 1971 und 1975 die bislang selbständigen Gemeinden Neuhausen und Glems nach Metzingen eingemeindet.

In den achtziger Jahren erlebte Metzingen unter dem heutigen Oberbürgermeister Gotthard Herzig eine kontinuierliche Weiterentwicklung, wobei insbesondere die Stadtsanierung und die Erschließung neuer Wohn- und Gewerbegebiete Schwerpunkte bildeten. 1987 bis 1990 wurde ein neues Rathaus errichtet.

Nachdem Metzingen die Zahl von 20 000 Einwohnern überschritten hatte, konnte die Stadt am 1. Oktober 1990 zur 76. Großen Kreisstadt in Baden-Württemberg erhoben werden. Wegen der zahlreichen Aufgaben, die Metzingen für die umliegenden Gemeinden übernimmt, strebt die Stadt den Status eines Mittelzentrums an.

Zu den bemerkenswerten Persönlichkeiten der Stadt gehören der hier abgebildete Christian Friedrich Schönbein (1799 bis 1868), der Entdecker des Ozons, die Kunstmaler Michael Herr (1591 bis 1661) und Friedrich Sprandel (1883 bis 1972), die Pädagogen Philipp Jakob Völter (1757 bis 1840), Johann Ludwig Völter (1809 bis 1888) und Daniel Völter (1814 bis 1865) sowie General Hans Speidel (1897 bis 1984).

Rolf Bidlingmaier

Links:
Die älteste Stadt-
ansicht auf einer
Zeichnung
von Michael Herr,
um 1640.

Unten:
Blick vom Wipp-
berg auf Metzin-
gen, um 1850.

Rechts:
Luftaufnahme
des Stadtzentrums
von 1937.

Links:
Rathaus und Marktplatz 1955. Der Rathausbrunnen wird von einem Krautkopf gekrönt, dem Wappenzeichen Metzingens.

Oben:
Seit Menschengedenken wird in Metzingen Weinbau betrieben; schon vor 1500 gab es sieben Keltern. Hier ein Bild vom Kelternplatz aus den zwanziger Jahren.

Oben:
1613 konnte der Turm der Martinskirche nach Plänen von Heinrich Schickhardt vollendet werden. Über dem Haupteingang zur Kirche wurde ein Fries eingelassen, der 16 Wappenschilder der damaligen Ortsobrigkeit zeigt.

Links:
Die Martinskirche Ende der fünfziger Jahre. Die Uracher Straße war damals Teil der Bundesstraße 28.

Unten:
Die früh automatisierte Spinnerei von Gaenslen & Völter, um 1930.

Rechts:
Als »Stau« noch ein Fremdwort war: Der Lindenplatz 1965 vor dem Umbau.

Der Bahnhofsplatz 1968 mit den Neubauten der Volksbank und der Kreissparkasse.

Anstelle der Volksbank stand bis 1966 das Hotel Sprandel, einst Metzingens erste Adresse.

Oben:
Der Neuhäuser Hofbühl vor der Rebflurbereinigung in den sechziger Jahren.

Glems.
Blick von der alten Schule auf das Rathaus in den zwanziger Jahren.

Neuhausen.
Die 1969 bis auf den Turm abgebrochene evangelische Kirche stammte aus dem 18. Jahrhundert.

Eine unverwechselbare Stadt

Neulich erzählte mir ein alter Metzinger ganz begeistert, daß er eine Gruppe von Hobbymalern aus Reutlingen gesehen habe, die am Ermskanal, »in der Metzinger Türkei«, Bilder gemalt hätten. Und obwohl das doch so altes »Glump« sei, seien die Bilder richtig schön geworden.

Der Betrachter, der das Schöne, das Besondere, das Eigenartige, das andere, das Unverwechselbare suchen und sehen will, der kann in Metzingen fündig werden.

Die Geschichte unserer Stadt läßt sich in ihren Straßen ablesen wie der Charakter eines Menschen in seinen Gesichtszügen.

Schon wer sich von außen der Stadt nähert, findet eine selten so ungestörte Stadtsilhouette; eine unverwechselbare Kulisse bieten der Metzinger Weinberg und der Neuhäuser Hofbühl.

Schaut man von dort herunter, so sieht man, daß die Stadt von saftigen Wiesen, Äckern und Streuobsthängen umgeben ist. An der Erms fallen einem die dichtgedrängten Fabrikanlagen mit den hohen Backsteinschornsteinen auf.

Der historische Ortskern wird von der spätgotischen *Martinskirche* bestimmt. Sie war einst von einer Wehrmauer umgeben, die noch aus der Zeit der romanischen Vorgängerkirche stammte und von der heute noch Reste erhalten sind.

Die ideelle Mitte von Metzingen ist jedoch der berühmte *Kelternplatz* mit seinen sieben Keltern. Das einmalige städtebauliche Kleinod verweist auf die große Metzinger Weinbautradition.

Heute dient nur noch eine der sieben Keltern dem Weinbau: Die Innere Stadtkelter wird als Lager und Verkaufsstelle der örtlichen Weingärtner-Genossenschaft genutzt. Die Kalebskelter wandelte sich 1988 nach einem preisgekrönten Umbau zur Stadtbücherei; die Äußere Stadtkelter dient seit 1976 als Veranstaltungshalle, in der ohne großen Dekorationsaufwand rustikale Feste gefeiert werden können. In der Äußeren Heiligenkelter, die in offener Bauweise errichtet ist, findet seit 1981 der Wochenmarkt statt, und die Herrschaftskelter beherbergt seit 1979 ein Weinbaumuseum. Mit dem mächtigen, über dreihundert Jahre alten Kelterbaum ist sie ein beliebtes Ausflugsziel.

Die historischen Keltern haben schon den örtlichen Malern wie Friedrich Sprandel und Hermann Gußmann Motive und vielfältige Perspektiven geboten.

Nicht nur der Weinbau, sondern auch die Landwirtschaft hat in Metzingen ihren ursprünglichen Stellenwert verloren. Mancher Haupterwerbsbauer mußte aufgeben, manche Hopfendarre, Scheuer oder Holzschopf haben als Fahrradschuppen oder »Werkstättle« eine neue Funktion erhalten und erinnern dennoch an die dörfliche Vergangenheit. Das ehemalige Milchhäusle, das ein Gipsgrafitto aus den fünfziger Jahren mit einer melkenden Jungbäuerin ziert, wird nun als Seniorentreff genutzt.

Wie sich Alt und Neu bestens ergänzen können, zeigt der *Rathausplatz*. Der großzügige, modern gestaltete Neubau legt sich winkelförmig um den ehrwürdigen Altbau und verhilft ihm so erst zu seiner Würde. Die Steinmetz- und Holzarbeiten an der Fassade des alten Rathauses geben mit allegorischen Darstellungen der Phantasie Spielraum.

Der neu angelegte Wasserlauf in der Fußgängerzone ist dem ehemaligen Dorfbach nachempfunden. Er zieht, wie früher der Bach, die Lausbuben zum Wasserspritzen an. Vor dem »Adler« läßt sich bei einem Glas Wein oder Bier gut über den Zeitgeist oder die eigenen Jugendstreiche sinnieren.

Wenn man über die Metzinger Gastronomie spricht, darf der »Schwanen« nicht unerwähnt bleiben. Er verträgt sich mit der lärm- und besucherbringenden Bundesstraße noch am besten. Von traditionsreichen Gastwirtschaften zeugen alte Wirtshausschilder wie die vom »Bären«, dem »Rad«, dem »Stern« und der »Sonne«, auch wenn man hier heute südländische Gaumenfreuden serviert bekommt.

Der *Bahnhofsplatz* mit der Post und dem Busbahnhof ist großzügig angelegt und verbindet abermals Tradition und Fortschritt. Dies wird durch die Präsenz dreier großer Geldinstitute unterstrichen.

Welche Bedeutung der Bildung in dieser Stadt schon um die Jahrhundertwende beigemessen wurde, zeigt der mächtige Baukörper der *Hindenburgschule*. Am Konrad-Adenauer-Platz, dem ehemaligen Festplatz, wo einst der Wanderzirkus gastierte, bietet die *Stadthalle* einer Vielzahl örtlicher und überörtlicher Veranstalter Raum für die verschiedensten Darbietungen.

Der benachbarte Turm der *Schillerturnhalle* war früher der Schlauchturm der Feuerwehr. In den siebziger Jahren hätte er abgerissen werden sollen – heute ist dieses Baudenkmal eines der markanten Metzinger Gebäude.

Das schwarze Eternitdach (Volksmund: Sargdeckel) des ebenfalls preisgekrönten *Hallenbades* weist auf den starken Gestaltungswillen der siebziger Jahre und der örtlichen Architekten hin. So haben sich auch diese Bauzeugen aus ganz verschiedenen Entstehungszeiten zu einem unverwechselbaren Ensemble verschwistert.

Was den Metzingern der Kelternplatz, ist den *Neuhäusern* ihr Schlößle, ihr Stück individuelle Ortsgeschichte, das vom Kloster Zwiefalten geprägt wurde. Eine noch schlafende Idylle ist die Ecke um den alten Bindhof, zu dem ein mächtiger gewölbter Keller gehört, der in jedem Wein- und Mostkenner Neid erwachen läßt.

Bei der Ortskernsanierung erhält der Flecken ein fast neues »Häs«.

In *Glems* liegen Rathaus und Backhaus einander gegenüber und bilden den gemütlichen Hintergrund für manches Dorffest. Mit der Neugestaltung der Ortsdurchfahrt wurden einige ungerade Ecken bereinigt; nur eine Engstelle wartet noch darauf, daß sich die Angrenzer zu der Aufweitung bekennen.

Daß diese kurze Betrachtung bei weitem nicht die Vielgestaltigkeit der Stadt Metzingen und ihrer Ortsteile ausleuchten kann, versteht sich von selbst. Deshalb sollen diese Zeilen, ebenso wie die Bilder, für die Hiesigen und Fremden Aufmunterung sein zu einer persönlichen Entdeckungstour durch unsere liebenswerte Stadt.

Walter Veit

Stadtansichten
vom Säbühl (oben)
und vom Weinberg.

Oben:
Die Fußgängerzone in der Stuttgarter Straße.

Oben rechts:
Die Fassade des Alten Rathauses mit ihren Holzschnitzereien.

Rechts:
Fachwerkhäuser mit der »Alten Apotheke«.

Linke Seite:
Der Bereich um das Rathaus hat sich in den letzten Jahren stark verändert.

Metzinger Idyllen.

Oben:
Hopfendarren.

Oben rechts:
Kaktus auf dem Kamin.

Rechts:
Stallfenster.

Rechts außen:
Sgraffito am Milchhäusle.

Seite 23:
Der Dichter Gustav Schwab hielt den Kelternplatz mit seinen sieben Keltern für »merkwürdiger als Ägyptens sieben Wunderwerke«.

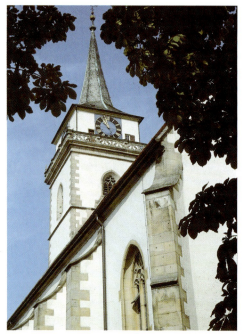

Der Gedächtnisbrunnen wurde für die im Ersten Weltkrieg gefallenen und vermißten Soldaten errichtet.

Links und ganz oben: Die evangelische Martinskirche zeigt spätgotische Formen ...

... während die katholische Bonifatiuskirche (rechts) aus den fünfziger Jahren stammt.

Ein Metzinger Kulturzentrum – Stadthalle, Hindenburgschule, Eduard-Kahl-Bad, Alte Turnhalle und Musikschule.

Architektur der Jahrhundertwende: Das »Schlößle« an der Ulmer Straße, eine alte Fabrikantenvilla ... ... und die Alte Turnhalle mit dem ehemaligen Steigerturm der Feuerwehr.

Stadthalle und Bahnhofsplatz – repräsentative Visitenkarten der Stadt.

Dem bildungshungrigen Nachwuchs steht das Dietrich-Bonhoeffer-Gymnasium offen.

Metzingen ist in den letzten Jahrzehnten stark gewachsen. Die ersten Metzinger Hochhäuser im Stadtteil Neugreuth trugen ebenso dazu bei wie die Bebauung des Gewanns Hart-Hölzle.

Glems hat seine Eigenständigkeit bewahrt. Das Rathaus und das Backhaus erfüllen wichtige dörfliche Funktionen.

Neuhausens Geschicke wurden über Jahrhunderte vom Kloster Zwiefalten bestimmt, ehe der Ort vom Herzogtum Württemberg erworben wurde. Zeugen der Vergangenheit sind das Alte Rathaus, die Klosterstraße und der Renaissancebogen am »Schlößle«.

Die Stadt mit den zwei Gesichtern

Metzingen ist eine Stadt mit zwei Gesichtern. Auf der einen Seite Streß, Hektik in den großen Firmen, Belastung und Verkehrsstau durch die vielen Aus- und Einpendler, Ärger mit Baustellen. Auf der anderen Seite aber mitten in der Innenstadt funktionierende Bauernhöfe, verschlafene alte Sträßchen, plätschernde Brunnen und ein zwar gemütvoller aber nichtsdestotrotz gut sortierter Wochenmarkt, wo man bei »seinem Bauern« die Äpfel kauft.

Man kennt sich vielfach noch, nicht nur in der Kernstadt, sondern vor allem in Neuhausen und Glems, vom Kindergarten und der Schule her, hat gewachsene Bindungen. Da ist es nicht verwunderlich, daß, allen voran, die mittlere Generation dem Bodenständigen verhaftet blieb. Natürlich nicht auf die altmodische Art, schließlich ist man nicht am Ende der Welt, sondern hat sich aufs trefflichste arrangiert. Montags Jazz-Dance, mittwochs Volkstanz, dienstags Volkshochschulkurs, donnerstags Turnverein. Das kann man in einer guten Gemeinschaft ohne weiteres mit der ganzen Familie machen, jeder nach seinem Gusto.

Zum Leben in einer Stadt gehören natürlich Schulen und Kindergärten, wobei erstere in der Sieben-Keltern-Stadt in vorbildlicher Weise vorhanden sind, in letzteren wie überall Plätze fehlen.

Arbeitsplätze sind da, vom Heimarbeiter bis zum Firmenmanager findet der Fleißige Angebote.

Und Einkaufsmöglichkeiten: in der Innenstadt von der kleinen, feinen Boutique bis zu den Geschäften mit den Wühltischen; keiner braucht in umliegende Städte auszuweichen.

Anders sieht es da schon abends aus. Die Bürgersteige werden in der Großen Kreisstadt zwar nach Ladenschluß nicht hochgeklappt, aber für die Teenees und Twens ist es doch nicht immer das Gelbe vom Ei, was auf dem täglichen Veranstaltungsprogramm steht. Da ist man schon mal darauf angewiesen, eine Mitfahrgelegenheit zu finden oder Papas Auto ausleihen zu können.

Unser Hier und Jetzt wird wiederum zweifach geprägt: immer mehr Industrie und High-Tech, zunehmend aber auch eine Rückbesinnung auf die natürlichen Lebensgrundlagen und einen schonenden Umgang mit der Umwelt. Das Miteinander von Jung und Alt funktioniert (meistens) ziemlich reibungslos, wie die Altersstrukturen vieler Vereine und Verbände beweisen.

Und weil alles relativ überschaubar ist, trifft man immer jemanden auf einen kurzen Plausch in der Fußgängerzone, beim Bäcker, Metzger oder Arzt. Ganz anonyme Viertel gibt es kaum, und durch eine behutsame Sanierung behalten die Straßen ihren alten Charakter bei.

Auch wenn Metzingen inzwischen zur Großen Kreisstadt avanciert ist, bleibt sie für ihre Bürger doch, wie ein früherer Bürgermeister über sie urteilte, nämlich eine große Kleinstadt: mit Fußgängerzone, Charme und einem hoffentlich gesunden Blick für die Zukunft.

Eva Focht-Rabel

Der Rathausplatz –
Treffpunkt
der Jugend.

Menschen
prägen das Gesicht
der Stadt.

Die Metzinger treffen sich auf dem Wochenmarkt, dem Krämermarkt ... ... und auf dem Frühlingsfest.

Hocketse beim Tag der offenen Stadt – die Feste werden gefeiert, wie sie fallen.

Spielplätze und Fußgängerzone – Erlebniswelt für Kinder.

Altes Brauchtum
lebt neu auf:
Volkstanz beim
Maibaumstellen.

Metzingens
Straßencafés
haben Atmosphäre.

Macht hoch die Tür –
der Metzinger
Weihnachtsmarkt.

Konturen der Landschaft

Unsere Landschaft verdankt ihre Vielfalt dem stark wechselnden Charakter der Gesteine. Sie sind vor mehr als 140 Millionen Jahren im warmen Jurameer entstanden. Zuunterst liegen die Schichten des schwarzen Juras, die die Albvorebene bilden. darüber folgen die hier meist tonigen Schichten des Braunen Juras, in denen Metzingen liegt. Die schweren Böden dieser Zone tragen meist Streuobstwiesen oder Wald. Steile Hänge führen hinter der Stadt zu einer rund 450 Meter hoch gelegenen, waldbedeckten Terrasse des Braunen Jura, die von Bächen stark zerschnitten ist. Diese Terrasse ist überall dem steilen Albanstieg vorgelagert. Dieser wird von hellen Mergeln und gebankten Kalken des Weißen Jura gebildet. Er endet mit ungeschichteten Massenkalken, die oft als weiße Felsen den bewaldeten Steilhang krönen.

In rund 800 Metern über dem Meeresspiegel beginnt hinter ihnen das Hügelland der Albhochfläche. Wer einen Überblick über die formenreiche Landschaft gewinnen will, sollte sie am besten vom Wippberg aus und ergänzend vom Florian aus betrachten.

Von der Braunjurahöhe des 416 Meter hohen Wippbergs aus wird zur Rechten der Blick zunächst vom mächtigen Massiv des Roßbergs gefesselt. Er erschien einst Eduard Mörikes Hutzelmännlein wie »eine wundersame blaue Mauer«. Nach links bricht diese steil ins Ermstal ab, das sich hier ins Vorland öffnet. An dieser verkehrsgünstigen Stelle hat sich Metzingen entwickelt. Auf der anderen Seite des Tales fehlt diese Mauer. Hier beginnt mit dem Hofbühl (510 m) und dem Metzinger Weinberg (488 m) die Terrasse des Braunen Jura. Die beiden Berge tragen am Sonnenhang Weingärten. An ihrem Fuß liegt in 350 Metern Höhe unsere Stadt. Auf der von den Bergen aus nach links sich fortsetzenden Höhe, die von Wald bedeckt ist, liegen dort, wo landwirtschaftlich besser nutzbare kalkreiche Böden beginnen, Kappishäusern und Kohlberg. Über diesen Dörfern steigt der mächtige Jusi mit steilem Grat auf 673 Meter an. Ein schmaler Rücken zieht von ihm hinüber zum 706 Meter hohen Hörnle. Über der im Bereich der beiden Dörfer recht breiten Terrasse erhebt sich der runde Kopf des 522 Meter hohen Florian und in weiterer Ferne der 464 Meter hohe Grafenberg, an den sich die gleichnamige Ortschaft schmiegt.

Der Blick vom Florian aus soll dieses Bild ergänzen. Der Weg zu seinem Gipfel führt durch Streuobstwiesen, über einen tiefen Bacheinschnitt und dann steil aufwärts zur waldbedeckten Braunjuraterrasse. Kurz nach dem Verlassen des Waldes ergibt sich ein überraschender Blick auf den mächtigen Jusi, Kappishäusern und Kohlberg, und am steilen Grat des Jusi vorbei auf den Hohenneuffen mit seinen gewaltigen Festungsmauern. Vom Gipfel des Florians aus erscheint im Mittelgrund jenseits eines tiefen Bacheinschnitts die uns wohlbekannte Braunjuraterrasse, über die sich die Gipfel des Florians und des Hofbühls nur wenig erheben. Darüber erblikken wir jenseits des Ermstales den Roßberg. Seine Höhe setzt sich nach rechts fort im Gutenberg. Sein Steilhang senkt sich zum Eninger Sattel, über dessen Braunjuraschichten sich der Waldschopf des doppelgipfeligen Rangenbergs (588 m) erhebt. Die weitere Fortsetzung der Braunjuraterrasse bildet den Sockel des formschönen, stumpfen Kegels der Achalm, die hier mit einer Höhe von 707 Metern das Bild der Landschaft beherrscht. Die Achalm besteht aus den gleichen Weißjuraschichten wie der Gutenberg, mit dem sie einst verbunden war. Verwitterung und Abtragung haben den Eninger Sattel geschaffen und die Achalm damit isoliert, die nun als Zeugenberg von einer früheren Lage des Albtraufs Kunde gibt.

Einen besonderen Stempel drückten vulkanische Ereignisse unserer Landschaft auf. Vor elf Millionen Jahren war eine gasreiche Gesteinsschmelze in unserem Raum bis auf wenige Kilometer unter die Erdoberfläche emporgedrungen. Infolge Druckentlastung schäumten freiwerdende Gase die flüssige Gesteinsmasse auf und erzwangen in mehr als 300 Schloten den Weg zur Oberfläche. In gewaltigen Explosionen entstanden hier Sprengtrichter, aus denen

Massen von Vulkanasche und mitgerissenem Gestein in die Luft geschleudert wurden.

In die Schlote zurückfallende oder auch eingeschwemmte Aschenmassen, in die gelegentlich große Brocken Weißjurakalk vom Trichterrand her tief einsanken, verfestigten sich zu vulkanischem Tuff. Die auf dem Gipfel des Florian liegenden riesigen Kalkbrocken stammen aus einer 200 Meter höher gelegenen Weißjuraschicht. Der vulkanische Tuff leistet der Verwitterung erheblich größeren Widerstand als die umgebenden Schichten. Dort, wo einst auf der Albhochfläche Sprengtrichter Senken bildeten, erheben sich daher heute auf der Braunjuraterrasse Berge mit einem Kern aus Vulkantuff, der den Vulkanschlot füllt. In einer solchen »Reliefumkehr« sind die für unsere Landschaft so charakteristischen Berge entstanden: Ameisenbühl, Grafenberg, Florian, Jusi, Metzinger Weinberg, Hofbühl und Rangenberg.

Die große Schönheit dieser Landschaft zu schildern, wäre Aufgabe für einen Dichter. Er hätte bei seiner Arbeit sicher jenes zauberhafte Bild vor Augen, das sich bietet, wenn die Obstbäume rings um Metzingen in voller Blüte stehen und jene »wundersame blaue Mauer« dazu den passenden Rahmen liefert.

Alfred Lorenz

Linke Seite:
Fünffingerfels
in Glems.

Unten:
Neuhäuser Hofbühl
im Herbst.

Treff für Liebespaare: Das Weinbergtürmle mit dem Besen ...

... und das Herrlishäusle.

Rechte Seite: Metzingen und das Ermstal, im Hintergrund die Schwäbische Alb.

Neugreuth – der jüngste Metzinger Stadtteil.

Linke Seite: Streuobstwiesen im Frühjahr.

Oben rechts: Blick auf Glems.

Rechts: Neuhausen.

Linke Seite:
Neuhausen mit
dem Hofbühl.

Ganz oben:
Herbstblick zur
Achalm.

Oben:
Das Roßfeld –
Metzingens
höchste Erhebung.

Rechts:
Aus steiler Höh
– Glems und
die Achalm.

Wieder in Betrieb:
Das Wasserwerk in
Neuhausen.

Rechte Seite:
Glems im Winter.

Links:
Winterlandschaft
in Neuhausen.

Arbeit und Leben

Welche Strukturen, Motive und Farben haben das Bild Metzingens geprägt? Ein Blick in die Geschichte zeigt, daß seine Lage am Fuß der Schwäbischen Alb und im Ermstal von großer Bedeutung für Arbeit und Leben waren. Die Stadt wurde stark beeinflußt von der Landwirtschaft und dem Weinbau. Nicht ohne Grund ziert daher ein Krauthäuptle das Metzinger Wappen.

Aber auch der Obstbau und die charakteristischen Streuobstwiesen gehören zum Bild dieser Stadt. Vom 7. August 1909 wird berichtet, daß aufgrund der reichen Kirschenernte dieses Jahrgangs »auf hiesiger Bahnstation 8224 Einzelkörbe und 73 Eisenbahnwagen mit Kirschen versandt wurden«. Vor wenigen Jahren wurde eine städtische Obstlagerhalle gebaut.

Das andere Kennzeichen dieser Stadt ist der geradezu sprichwörtliche Gewerbefleiß. Für die im letzten Jahrhundert aufblühenden kleineren und mittleren Betriebe waren allerdings andere Standortfaktoren als die sonnigen Vulkanberge maßgebend. Das Wasser der Erms hatte es den Gerbern, Färbern und Tuchmachern angetan. Sie benötigten das Wasser nicht nur für ihre Produktion, sondern sie sahen darin auch eine wichtige Energiequelle. Aus dem Jahr 1927 wird berichtet, daß »die Erms wertvolle Dienste der hiesigen Industrie leistet, indem sie auf ihrem munteren Lauf durch die Stadt und Markung 15 Werke mit der weißen Kohle versorgt«. Blickt man vom Weinberg auf die Stadt herunter, so erkennt man an dem Band der Schornsteine leicht den Verlauf der Erms und des Ermskanals.

Auch die Rohstoffnähe war für die Ansiedelung der Betriebe wichtig. Die Schafzucht und der Flachsanbau auf der Schwäbischen Alb spielten eine bedeutsame Rolle. Noch bis Anfang der fünfziger Jahre wurden die Schafvliese der Glemser Schäfer direkt bei der Tuchfabrik Gaenslen + Völter abgeliefert, um dort gewaschen, gefärbt, gesponnen und zu hochwertigen Tuchen verarbeitet zu werden. Der Flachsanbau führte zur Gründung von Leinenwebereien im Ermstal.

Es war eigentlich nur logisch, daß sich aus den kleinen handwerklich-industriellen Anfängen im 19. Jahrhundert leistungsfähige Unternehmen im Textil- und Lederbereich entwickelten. Eine große Zahl von Strickwarenfabriken machten aus Metzingen eines der wichtigsten Zentren in Deutschland. Aber auch die Leder- und lederverarbeitende Industrie war von großer Bedeutung. Die Internationalisierung der Märkte hat jedoch in diesen Bereichen zu einem tiefgreifenden Strukturwandel geführt.

Aus dem Wein- und Obstbau ergab sich der Standort für die Firma Holder, deren Spritzen und Traktoren international bekannt sind.

Die Weiterverarbeitung der produzierten Tuche hat 1922 zur Gründung eines Konfektionsbetriebs mit bekanntem Namen geführt: Die sich in den letzten Jahrzehnten stürmisch entwickelnde Hugo Boss AG ist heute die Nummer Eins in der Herrenmode und bietet in Metzingen mehr als tausend Arbeitsplätze. Ähnlich bekannt, vor allem unter den Sportlern, sind die »Reusch-Handschuhe« aus Neuhausen.

Für die Stadt Metzingen ist die Vielfalt der Metzinger Unternehmen, zu denen auch die chemische und feinmechanische Industrie zählt, von großem Vorteil. Konjunkturen und Krisen in den einzelnen Branchen können weitgehend ausgeglichen werden. Die Stadtkasse kann von einem guten Gewerbesteueraufkommen ausgehen, wozu neben den produzierenden Betrieben auch die vielen, über die Grenzen der Stadt hinaus bekannten Handels- und Dienstleistungsunternehmen beitragen.

Die Verbindung von Landwirtschaft, Handel und Industrie führte zu einer gelungenen Verbindung von Beruf und eigener wirtschaftlicher Tätigkeit. Zum hauptberuflichen Verdienst in einem der Betriebe kam das Einkommen aus nebenberuflicher Arbeit in der Landwirtschaft hinzu. Das Lohneinkommen wurde durch die Ernte des eigenen Weins, des eigenen Obstes der landwirtschaftlichen Erzeugnisse ergänzt.

Durch die große Zahl der neu Hinzugekommenen ist natürlich auch hierin ein Wandel eingetreten. Eine recht stabile, bodenständige Lebenseinstellung ist jedoch geblieben.

oder Ein wichtiger Markstein für die weitere wirtschaftliche Entwicklung in Metzingen wurde durch die Erschließung des Gewerbegebiets Längenfeld gesetzt. Diese neuen Gewerbeflächen waren notwendig, um sowohl Betriebe aus dem Ortskern auslagern zu können als auch fremde Betriebe hinzuzugewinnen.

Betrachtet man zusätzlich die vielen kulturellen und sportlichen Einrichtungen der Stadt und die schön gelegenen Neubaugebiete Neugreuth und Harthölzle, so präsentiert sich Metzingen heute mit einem großen und reizvollen Angebot an Arbeits- und Lebensmöglichkeiten.

Frieder Gaenslen

Metzingen und Neuhausen sind auch für ihren Obstbau bekannt.

Erntezeit in der Landwirtschaft.

Traditionen:
Im Backhaus knistert das Feuer ...

... während sich an der Erms wieder das Mühlrad der Steffansmühle dreht.

Industriebetriebe im Gewerbegebiet Längenfeld (links oben), an der Erms (links) und in der »Türkei«.

Korbflechter, Gerber und Handschuhmacher sind traditionsreiche Metzinger Berufe.

Standbeine der Metzinger Industrie: Maschinenbau, Metallverarbeitung und Textilgewerbe.

Die Ermstalwoche ist eine wichtige regionale Wirtschaftsausstellung.

Weinbau mit Tradition

Die neue Bundesstraße oberhalb Dettingens bringt nicht nur die langersehnte Entlastung vom Verkehr, sondern bietet auch talabwärts schöne neue Blicke auf die weiten Rebflächen am Neuhäuser Hofbühl und am Metzinger Weinberg. Wenn die Ortsumfahrungen einmal fertig sein werden, kommen sicher noch weitere gute Aussichten auf die großräumigen Südhänge des sich öffnenden Ermstales dazu, die als beste Lagen in Metzingen seit Menschengedenken mit Wein bebaut werden.

Es bleibt zu hoffen, daß auch in Zukunft noch genug Metzinger und Neuhäuser Wengerter bereit sind, die schwere und zeitraubende Arbeit im Weinberg am steilen Hang zu leisten. Nur so ist sicherzustellen, daß am südlichen Tor der Schwäbischen Weinstraße nicht nur ein paar kleine Weinberge übrig bleiben, sondern daß große und moderne Weinanlagen schon von weitem sichtbar sind. Wer die großenteils im Nebenerwerb erbrachte Arbeit im Weinberg mit heutigen Arbeitsplätzen in Industrie und Gewerbe vergleicht, wird leicht verstehen, daß diese harte Arbeit nur so lange geleistet wird, wie ein entsprechender Erlös für die abgelieferten Trauben zu erwarten ist. Und wenn man für den heimischen Wein – nicht nur für unsere »Hofsteige«, auch für den »Württemberger« überhaupt – etwas mehr bezahlt als für Weine aus wärmeren Ländern, so sollte man sich am Wohlgeschmack unserer Qualitätssorten, an der feinen fruchtigen Säure und an den württembergischen Spezialitäten erfreuen. Hoffen wir, daß unsere Weingärtnergenossenschaft dem rauheren Europa-Wind der nächsten Jahre standhalten kann.

Wer einmal an einem Werktag auf den Weinberg geht, kann sehen, daß zum Teil mit dem Seilzug gearbeitet wird, bei dem der Traktor mit einer Winde die Bodenbearbeitungsgeräte die Zeile hinaufzieht. Das ist eine große Erleichterung, doch sie erfordert immer den Zweimannbetrieb.

Der Einsatz von Chemikalien zum Gesundhalten der Rebstöcke konnte durch spezielle Entwicklungen und durch die Initiative der Weingärtnergenossenschaft Metzingen-Neuhausen erheblich verringert werden. Schadinsekten werden heute mit Lockstoffen so verwirrt, daß sie kaum noch bekämpft werden müssen. Elektronische Warngeräte messen die wichtigsten meteorologischen Fakten; die Auswertungen lassen die günstigsten Spritztermine gegen Pilzkrankheiten erkennen. So kann die eine oder andere Spritzung – immer wetterbedingt – unterbleiben, die man sonst mangels besserer Kenntnis vorsorglich hätte ausbringen müssen.

In der Sortenwahl sind die Metzinger und Neuhäuser pragmatisch: Angebaut wird, was nach Lage und Klima hier gut gedeiht und was gefragt ist. Mit je rund fünfzig Prozent Weißgewächs und Rotgewächs sind unsere Wengerter echte Württemberger.

Übrigens ist die Flurbereinigung mit Wegebau und Stützmauern noch gar nicht so lange her: Die ersten Weine nach der Neuanlage konnten in Metzingen 1959 und in Neuhausen 1969 gelesen werden.

Die Geschichte des Weinbaus in Metzingen und in Neuhausen

zeigt trotz unmittelbarer Nachbarschaft viele Unterschiede, da Neuhausen über viele Jahrhunderte ganz im Besitz des Klosters Zwiefalten war, während Metzingen zum Herzogtum Württemberg gehörte. Aber auch in Metzingen spielten verschiedene Klöster eine große Rolle im Weinbau und im Bau der Kelteranlagen. Gemeinsam war beiden Orten die Technik des Kelterns mit den großen eichenen Baumkeltern und den darüber errichteten Keltergebäuden mit den charakteristischen Walmdächern. Metzingen und Neuhausen können sich glücklich schätzen, zwei der sehr selten gewordenen großen Kelterbäume noch im Original zu besitzen. Diese historischen Großinvestitionen zeugen vom »Kelterbann«, den Landesherr oder Ortsherrschaft dazu erließen, daß nur auf diesen Gemeinschaftseinrichtungen gekeltert werden durfte, um die Erhebung der Steuern – des »Zehnten« oder oft eines höheren Anteils – leichter kontrollieren zu können. Sicher nicht zufällig steht das Zehnthäusle unmittelbar neben der Metzinger Herrschaftskelter.

Heinrich Ostarhild

Weinbau am Weinberg.

Zeugen des heimischen Weinbaus sind neben den Weinberghäuschen die Innere Stadtkelter in Metzingen (oben) und die Mittlere Kelter in Neuhausen.

Bei der Weinlese hilft die ganze Familie mit.

Die Metzinger Wengerter sind stolz auf ihren Schwarzriesling.

75

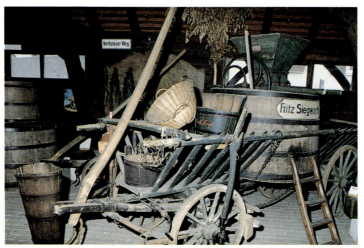

Der mächtige Kelterbaum und historische Arbeitsgeräte im Weinbaumuseum.

Kultur, Sport und Freizeit

Tradition und Moderne prägen das kulturelle und sportliche Geschehen in unserer Stadt.

Wie in früheren Jahren, so sind es auch heute noch die inzwischen mehr als hundert örtlichen Vereine und Institutionen, die maßgeblich zur großen Fülle des gesellschaftlichen Lebens beitragen. Auf kulturellem Gebiet gingen dabei neue Impulse von einigen Einrichtungen aus, die erst in den letzten Jahrzehnten gegründet worden sind. So bietet der Veranstaltungsring Metzingen seinen Mitgliedern und einem kulturinteressierten Publikum ein breitgefächertes und niveauvolles Programm an Musik- und Theateraufführungen. Ergänzend zu den allgemeinbildenden Schulen finden annähernd tausend junge Menschen an der Musikschule Metzingen durch Erlernen eines Instruments oder durch Gesangsunterricht Zugang zur Musik. Die Freude am gemeinsamen Musizieren können sie in zahlreichen Gruppen und Ensembles erleben. Die Kursangebote der Volkshochschule und der Familienbildungsarbeit der Evangelischen Kirchengemeinde Metzingen tragen neben dem traditionell-klassischen Bereich der Fort- und Weiterbildung auch dem in letzter Zeit stark wachsenden Bedürfnis vieler Menschen nach kreativer Betätigung in der Freizeit und gesundheitsbewußter Lebensweise Rechnung.

Die Erhaltung des Ensembles von sieben Keltern, eines einmaligen kulturhistorischen Denkmals, hat sich der Förderkreis Metzinger Keltern zum Ziel gesetzt; er betreut auch das in der Kelter eingerichtete Weinbaumuseum. Als Bildungsstätte für ein erweitertes Begreifen von Kunst und Kultur und freie Hochschule versteht das Kunstseminar Metzingen seine Aufgabe darin, die Lehrbarkeit und die damit verbundene Erweiterung der Kunst zu erforschen und anwendbar zu machen. Sich der Heimatpflege und dem Brauchtum widmend, zählen zu den in neuerer Zeit gegründeten Vereinen auch zahlreiche einheimische und landsmannschaftliche Trachten- und Volkstanzgruppen.

Glanzlichter im Theaterleben der Stadt Metzingen setzten die Aufführungen der Theater AG des Dietrich-Bonhoeffer-Gymnasiums sowie die im zweijährigen Rhythmus stattfindenden Metzinger Theatertage.

Mit der Fertigstellung der Stadthalle im Jahr 1973 wurde eine wesentliche Voraussetzung für den großen Aufschwung des gesellschaftlichen Lebens in unserer Stadt geschaffen. Viele international bekannte Stars der Theater- und Musikszene waren in der »guten Stube Metzingens« schon zu Gast.

Auch die zu einem Veranstaltungsraum umgebaute und rustikal ausgestaltete Äußere Stadtkelter dient kulturellen und geselligen Zwecken; sie wird wegen ihrer reizvollen Ausstattung gerne genutzt. Einen Höhepunkt im jährlichen Veranstaltungskalender stellt das Sieben-Keltern-Fest dar, das im Oktober stattfindet.

Als architektonisches Kleinod gilt in Fachkreisen die zur Stadtbücherei umgebaute Kalebskelter. Auch wegen ihres vielseitigen Medienangebots findet dieses neue Kommunikations- und Bildungszentrum in der Bevölkerung großen Anklang.

Neben der Förderung der durch ehrenamtliches Engagement geleisteten Kulturarbeit setzt die Stadt Metzingen einen weiteren Schwerpunkt im Bereich der bildenden Kunst. Eine lange Tradition haben die jährlichen Rathauskunstausstellungen, bei denen auch Werke weltweit bekannter Künstler präsentiert werden. An den beiden Pfingstfeiertagen locken das niveauvolle Angebot von mehr als hundert professionellen Kunstschaffenden und die einmalige Kulisse des Kelternplatzes jährlich Tausende von Besuchern aus nah und fern an. Eine besondere Atmosphäre herrscht auf diesem Platz bei den dort stattfindenden Bildhauersymposien. Die Bevölkerung kann hierbei das Entstehen von Kunst unmittelbar miterleben und hat somit einen engen Bezug zu den von den Künstlern geschaffenen Skulpturen, die im Stadtgebiet aufgestellt werden.

Mit weiteren Kunstobjekten, wie dem im Stadtteil Neugreuth errichteten Aquamobil, dem Buttenträger in Neuhausen oder der auf dem Konrad-Adenauer-Platz erstellten Brunnenplastik, stellen sie einen Beitrag zur Kunst im öffentlichen Raum dar und tragen somit zur Aufwertung des Stadtbildes bei.

Die sieben Meter hohe, farbenprächtige Glasplastik des Gächinger Künstlers Lothar Schall im Neuen Rathaus ist ein gelungenes Beispiel für Kunst am Bau.

Auch im sportlichen Bereich wird in Metzingen Hervorragendes geleistet. Für Siege und erfolgreiche Teilnahme an nationalen und internationalen Meisterschaften und Wettbewerben können vom Oberbürgermeister bei der »Ehrung Sport und Musik« jährlich etwa hundert Sportlerinnen und Sportler ausgezeichnet werden.

Wer sich in Gemeinschaft mit anderen, aus gesundheitlichen Gründen, aus Freude an der eigenen Leistung oder nur aus Spaß an der körperlichen Bewegung sportlich betätigen will, findet bestimmt bei einem der 18 sporttreibenden Vereine das seinen Interessen entsprechende Angebot. So können bei der TuS Metzingen, dem übrigens mit 2600 Mitgliedern größten Metzinger Verein, beispielsweise neben der Fitness-Gymnastik oder dem Kampfsport Judo weitere zwölf Sportarten ausgeübt werden.

Für Wettkämpfe, Training und Freizeitsport stehen den Sportbegeisterten eine Vielzahl von Sportstätten zur Verfügung. Selbstverständlich zählen dazu verschiedene Großspielfelder, Sporthallen, Tennisplätze sowie ein Hallen- und ein Freibad. Aber auch Reiter, Flieger und Schützen können ihrem Hobby auf sportgerechten Anlagen nachgehen. Wanderer, Spaziergänger und Radfahrer finden in der landschaftlich reizvollen Metzinger Umgebung ein gut ausgebautes Wegenetz vor.

Auf großes Interesse stößt bei Kindern und Jugendlichen das etwa 60 Veranstaltungen umfassende Sommerferienprogramm der Stadt Metzingen, das mit Unterstützung örtlicher Vereine und Institutionen durchgeführt wird. In diesem Zusammenhang dürfen auch die von den Kirchengemeinden abgehaltenen Freizeiten und Ferienlager nicht vergessen werden.

Vielfalt, Abwechslung und Anregung kennzeichnen das attraktive Freizeitangebot Metzingens und prägen damit in erheblichem Maß die Lebensqualität unserer Stadt.

Metzingen präsentiert sich aber auch als eine nach außen offene Stadt. In dem Bestreben, der Völkerverständigung und dem Frieden in Europa zu dienen, wurden offizielle Partnerschaften mit den Städten Noyon/Frankreich, Hexham/England und Nagykálló/Ungarn begründet.

Ständige Kontakte und Begegnungen in den verschiedensten Bereichen des öffentlichen und gesellschaftlichen Lebens tragen dazu bei, persönliche Freundschaften und das gegenseitige Wissen über die jeweilige Kultur in den einzelnen Ländern zu vertiefen.

Partnerschaftliche Hilfe und freundschaftliche Beziehungen verbinden Metzingen auch mit der thüringischen Gemeinde Unterwellenborn sowie der Stadt Auerbach und der Gemeinde Weinböhla in Sachsen.

Es wird Aufgabe aller für unser Gemeinwesen verantwortlichen Kräfte sein, die Voraussetzungen dafür zu schaffen, daß sich Metzingen auch in Zukunft als eine für Ihre Bürgerinnen und Bürger lebenswerte und für Fremde aufgeschlossene Stadt darstellt.

Karl Schnizer

Kunst ist vielfältig.

Links:
In der Musikschule.

Oben:
Aquamobil im Neugreuth.

Rechte Seite:
Kunstausstellung in der Ochsenkelter.

Kultur pur: Die Metzinger Theatertage und die Stadtbücherei in der Kalebskelter.

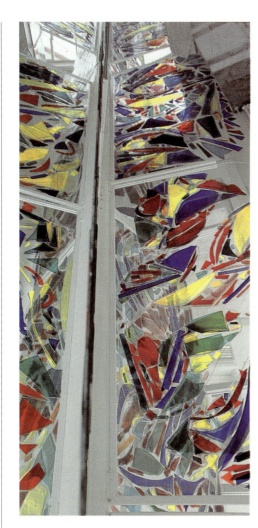

Linke Seite:
Schulfest in der Neugreuthschule.

Darunter:
Auf dem Schwäbischen Kunstmarkt gibt es auch Attraktionen für Kinder.

Kunst und Kultur im Rathaus: Glasplastik von Lothar Schall und Feierstunde im Großen Sitzungssaal.

Rechts:
Die Festkelter ist ein beliebter Ort für gesellige Anlässe.

Badespaß im Eduard-Kahl-Bad und im Freibad.

Kampf um Punkte im Otto-Dipper-Stadion und in der Öschhalle.

Vielfältig sind die Möglichkeiten der Freizeitgestaltung – an den Felsen, in der Luft und am Wasser.

Metzingen – Gemeinde Europas.

Metzingen

The first traces of settlement within the Metzingen boundaries go back as far as the New Stone Age 3500 years ago. Following the Celts and the Romans, a settlement was founded here by the Alemannians.

As a result of its convenient location for traffic, Metzingen developed into an urban settlement and a certain amount of prosperity existed as early as the 16th century, thanks to a flourishing wine-growing trade. This heyday, however, ended abruptly in the confusion of the Thirty Years' War and it was not until the 18th century that the town was able to recover from its severe losses. In addition to farming and wine-growing, textile trades and tanneries also thrived. 1820 and 1824 saw the establishment of the first local textile factories.

On 21st September 1831 Metzingen was proclaimed a town by King Wilhelm I. Its connection to the railway in 1859 was a vital factor for the town's economic prosperity. After World War II countless refugees and exiles came to Metzingen, which led to the building of whole new districts, such as the estate Im Millert and later the Neugreuth district.

Under the auspices of Mayor Eduard Kahl a municipal hall and indoor swimming pool were built in the seventies, a milestone in the history of the town.

Administrative reforms from 1971 to 1975 led to the incorporation of Neuhausen and Glems, two previously independent boroughs.

Under the present Lord-mayor Gotthard Herzig, Metzingen progressed steadily throughout the eighties, with particular emphasis on urban redevelopment and the creation of new residential and industrial estates. A new town hall, the Rathaus, was built between 1987 and 1990.

Once the population had passed the 20,000 figure, Metzingen's status was raised to that of a Grosse Kreisstadt, or Major District Town, on 1st October 1990.

The historic town centre is characterised by St. Martin's church in the late Gothic style. Metzingen's spiritual centre, however, is its famous square, "Kelternplatz", the site of seven old wine-presses. This unique jewel of urban planning indicates the long-standing wine-growing tradition in the town. Nowadays, only one of these seven presses is still used for selling wine, while the others are used for cultural events, the weekly market, as a wine museum and as the municipal library.

Just as the Metzingers love their Kelternplatz, the Neuhäusers have their "Schlössle", their own slice of local history, centred around Zwiefalten monastery. A sleepy idyll can still be found in the area around the old Bindhof.

In Glems, the town hall and bakehouse face each other, providing a welcoming setting for many a village
festival.

A cornerstone for the continuing economic development of Metzingen was the incorporation of Längenfeld industrial estate.

In view of the many cultural and sports amenities the town has to offer, and also Neugreuth and Harthölzle, the pleasantly situated new parts of the town, there are now varied and attractive opportunities for working and living in Metzingen.

In the cultural sector, new impetus has been provided by several different establishments set up only in the past few decades. Metzingen "Veranstaltungsring", the town's concert organisers, offer a varied programme of musical and theatrical events. In addition to those schools providing general education, Metzingen also has a school of music to foster musical appreciation amongst its young. The state and church-run adult education centres not only provide traditional classes in general and further education, but increasingly cater to the growing demand for creative spare-time pursuits.

A highlight in the town's annual calendar of events is the "Sieben Keltern" or Seven Presses festival, which takes place in October. The art exhibitions in the town hall can look back on a long tradition. Over Whitsuntide, the work of more than a hundred creative artists set against the unique backdrop of Kelternplatz attracts thousands of visitors from near and far.

Metzingen also has an excellent track record in sporting affairs. Every year the Lord-mayor is able to honour around one hundred athletes for winning or successfully competing in national and international sporting contests.

Anyone who wants to pursue active sports in the company of others will find something to suit his needs at one of the town's 18 sports clubs. Extensive grounds and amenities are available for sports enthusiasts.

The idyllic scenery around Metzingen provides an excellent network of trails for ramblers, hikers and cyclists.

But Metzingen is also an outward-looking town. As part of its endeavours to promote international understanding throughout Europe, it now has official twin towns in Noyon/France, Hexham/England and Nagykálló/Hungary. Regular contact and encounters in various sectors of public and social life lend depth to personal friendships and promote knowledge of the different cultures in the other individual countries.

Mutual assistance and friendly relations also link Metzingen with Unterwellenborn, a community in Thuringia as well as with the town of Auerbach and community of Weinböhla in Saxony.

Metzingen

Les premières traces de colonisation sur le territoire de Metzingen remontent à plus de 3.500 ans, à l'époque néolithique. Après les Celtes et les Romains, ce furent les Alamans qui fondèrent un lotissement à cet endroit.

Situé au carrefour de grands axes, Metzingen devint rapidement un lotissement à caractère urbain. Suite au plein essor de la viticulture, Metzingen jouit d'une certaine prospérité dès le 16ème siècle.

Son apogée connut néanmoins une fin soudaine à la suite des troubles de la guerre de Trente Ans et ce ne fut qu'au 18ème siècle que la ville réussit à se remettre des rudes préjudices de cette sombre époque. A côté de la classe paysanne et de la classe viticole, on vit alors se développer l'artisanat du textile et de la tannerie. Ce fut en 1820 et en 1824 que furent créées à Metzingen les premières fabriques de textile.

Le 21 septembre 1831, Metzingen se vit accorder le titre de cité par le roi Guillaume Ier. Le raccordement au réseau ferroviaire en 1859 fut un facteur capital pour son expansion économique.

Après la 2ème guerre mondiale, de nombreux réfugiés et exilés vinrent s'installer à Metzingen. On y créa alors des zones de constructions nouvelles, telles que le lotissement Im Millert et, plus tard, le quartier de Neugreuth.

Eduard Kahl, maire à l'époque, fit construire pendant les années 70 une salle des fêtes municipale et une piscine couverte qui s'avérèrent d'une importance fondamentale pour l'évolution de la ville.

La réforme administrative entraîna, de 1971 à 1975, le rattachement à Metzingen des communes jusqu'alors autonomes de Neuhausen et de Glems.

Au cours des années 80, Metzingen connut sous Gotthard Herzig, le premier maire actuel, une évolution continue, l'aménagement de la ville et l'équipement de nouvelles zones d'habitat et d'artisanat ayant notamment constitué les points essentiels de ce développement.

De 1987 à 1990, on construisit un nouvel hôtel de ville. Metzingen ayant dépassé le nombre de 20.000 habitants, la ville fut déclarée grand chef-lieu de Kreis le 1er octobre 1990.

Le noyau historique de la ville est dominé par l'église St-Martin du gothique flamboyant. Le centre idéel de Metzingen est toutefois la célèbre Place des Pressoirs avec ses sept pressoirs. Cet extraordinaire joyau urbanistique rappelle la grande tradition viticole. Aujourd'hui, un seul de ces sept pressoirs sert encore à vendre du vin, tandis que les autres abritent par exemple le marché de la semaine, le musée viticole, la bibliothèque municipale ou une salle des fêtes.

Ce que la place des Pressoirs est pour les habitants de Metzingen, le petit château l'est pour les habitants de Neuhausen, un fragment de leur propre histoire locale que marqua le cloître de Zwiefalten. Les alentours du vieux Bindhof sont un petit coin idyllique où la nature semble endormie et presque enchantée.

A Glems, l'hôtel de ville et la Backhaus, l'ancien fournil, situés l'un en face de l'autre, forment une admirable toile de fond pour certaines fêtes du village.

L'aménagement de la zone industrielle de Längenfeld a été d'une importance capitale pour l'évolution économique ultérieure de Metzingen.

Si on y ajoute également les nombreux établissements culturels et sportifs de la ville et les zones de constructions nouvelles merveilleusement situées de Neugreuth et Harthölzle, Metzingen propose aujourd'hui une vaste offre de possibilités de travail et de vie qui ne manque pas d'attrait.

Sur le plan culturel, les nouvelles impulsions ont émané de quelques établissements qui n'ont été créées qu'au cours des dernières 10 ou 20 années, tel le Cercle des manifestations de Metzingen qui propose un large programme de représentations musicales et théâtrales. En plus des écoles d'enseignement général, il y a également l'école de musique de Metzingen où les jeunes gens trouvent accès à la musique. Les offres de cours de l'université populaire et le travail d'éducation des familles de la paroisse protestante sont bien sûr axés sur le domaine classique traditionnel de la formation continue et du recyclage permanent, mais tiennent également compte des besoins croissants que de nombreuses personnes ressentent ces derniers temps au niveau con firmation de soi et création artistique dans leurs loisirs.

La fête des Sept-Pressoirs qui a lieu en octobre est un point culminant sous les arrangements annuels. Les expositions artistiques à l'hôtel de ville ont une longue tradition. Les deux jours fériés de la Pentecôte, une centaine d'artistes professionnels avec, en toile de fond, la merveilleuse place des Pressoirs, attirent chaque année des milliers de visiteurs de près et de loin.

Dans le domaine sportif, Metzingen réalise des performances remarquables. Le premier maire de la ville a l'honneur de féliciter chaque année quelques 100 sportifs, hommes et femmes, pour leurs victoires et leur brillante participation à des compétitions nationales et internationales.

Celui qui veut exercer une activité sportive de groupe avec des semblables, trouve assurément l'offre adéquate dans l'une des 18 associations sportives. Les fanatiques du sport y disposent d'un grand nombre de centres sportifs.

Randonneurs, promeneurs et cyclistes trouvent dans les environs un réseau de chemins et de sentiers très bien aménagé et des paysages très attrayants.

Metzingen est également une ville ouverte vers l'extérieur. Soucieux de stimuler la compréhension des peuples en Europe, on a créé des jumelages officiels avec les villes de Noyon/France, d'Hexham/Angleterre et Nagykálló/Hongrie.

Des contacts et des rencontres permanents dans les domaines les plus divers de la vie publique et de la vie sociale contribuent à l'approfondissement d'amitiés personnelles et à l'échange réciproque de connaissances au niveau culturel dans les différents pays.

Un soutien sous le signe du partenariat et des relations amicales relient également Metzingen au village d'Unterwellenborn en Thuringe, ainsi qu'à la ville d'Auerbach et au village de Weinböhla en Saxe.

Metzingen

Metzingen területén az első telepesek 3500 évvel ezelőtt az új kőkorszakban jelentek meg. A kelták és a rómaiak után az alemánok alapítottak ezen a helyen települést.

A kedvező közlekedési adottságok következtében Metzingen városias településsé fejlődött. Metzingen már a XVI. században bizonyos jómódra tett szert, amit jól jövedelmező borszőlőtermesztésének köszönhet.

A település virágkora a harmincéves háború viszontagságai miatt hirtelen véget ért. A város csak a XVIII. század végére tudta kiheverni a veszteségeket. A parasztság és a bortermelő gazdák mellett a textilipar és a tímármesterség virágzott fel. 1820-ban és 1824-ben létesültek az els metzingeni textilgyárak.

1831. szeptember 21-én I. Vilmos király Metzingent várossá avatta. Az 1859-ben létesült vasútvonal jelentős mértékben hozzájárult a gazdasági fellendüléshez.

A második világháború után számtalan menekült és hazájából elűzött érkezett Metzingenbe. Akkoriban új lakónegyedek létesültek, mint például az »Im Millert« település, majd később Neugreuth városrész.

Eduard Kahl polgármester idejében a hetvenes években egy városcsarnok (Stadthalle) és egy fedett fürdő épült, amelyek mérföldkövet jelentettek a város fejlődésében.

A közigazgatási reform keretében 1971 és 1975 között került sor az addig önálló Neuhausen és Glems községek beolvasztására Metzingen városába.

Metzingen a 80-as években a mai főpolgármester Gotthard Herzig, alatt folyamatosan továbbfejlődött, aminek súlypontját számos épület szanálása valamint új lakó- és ipari negyedek építése jelentette.

1987 és 1990 között új városháza létesült. Miután Metzingen lakosainak száma meghaladta a 20 ezret, a várost 1990. október 1-én nagy járási várossá (Große Kreisstadt) nyilvánították.

A város történelmi keleti magját a késői gót stílusú Szent Márton templom (Martinskirche) határozza meg. Metzingen szellemi központja azonban a híres Kelternplatz hét présházával. Ez az egyedi városépítészeti kincs a bortermelési hagyományokra utal. Manapság a hét közül már csak egy présház szolgál borászati célokra, a többiben például rendezvényeket tartanak, vagy a heti vásárt, illetve borászati múzeumként vagy könyvtárként használják őket.

Az, ami a metzingenieknek a Kelternplatz, a neuhausenieknek a »kiskastély« (Schlößle): a helyi történelem egy darabkája, amelyre nagy hatást gyakorolt Zwiefalten kolostora. Egy még szendergő idill a régi Bindhof környéke.

Glemsben a városháza és a sütöde egymással szemben van, így a két épület kellemes hátteret szolgáltat számos falusi ünnephez.

Metzingen további gazdasági fejlődésének mérföldkövét a längenfeldi ipari övezet megnyitása jelentette.

Ha emellett a város számos kultúrális és sportlétesítményét valamint a szép fekvésű Neugreuth és Harthölzle lakónegyedeket tekintjük, megállapíthatjuk, hogy Metzingen kiváló munkalehetőségeket nyújt és vonzó lakóhelyet is jelent mindenki számára.

Kultúrális területen néhány olyan intézménybôl jöttek új impulzusok, amelyek csupán az utóbbi évtizedekben alakultak. Igy például a »Veranstaltungsring Metzingen« (Metzingeni Rendezvénykör) széles körû zenei és színházi programot kínál. Az általános képzést nyújtó iskolákon kívül a fiatalok a metzingeni zeneiskolában tanulhatnak zenét. A népfôiskola tanfolyamai valamint az evangélikus egyházközség családi továbbképzô munkája »a hagyományos-klasszikus továbbképzésen túlmenôleg« tekintetbe veszi a metzingeni polgárok azon törekvését, hogy szabadidejüket kreatív tevékenységgel töltsék el.

Az éves rendezvénynaptár csúcspontját a »hét présház ünnepség« (Sieben-Keltern-Fest) jelenti, amelyet októberben tartanak meg. Nagy hagyományai vannak a városháza mûvészeti kiállításainak is. Pünkösd két napján több mint száz hivatásos mûvész valamint a Kelternplatz rendkívüli szépségû kulisszája vonzza közeli és távoli látogatók ezreit.

A sport területén is kiváló teljesítményt nyújtott Metzingen városa. Évrôl évre kb. száz sportolót tüntet ki a fôpolgármester hazai és nemzetközi versenyeken elért gyôzelmükért valamint kiváló teljesítményükért.

Aki részt akar venni a közös sportban, 18 sportklubban találhatja meg az érdeklôdésének megfelelô sportágat. A mozgást kedvelôknek számos sportpálya és egyéb sportlehetôség áll rendelkezésére.

A sétálók, kirándulók és kerékpározók a csodálatos tájon jól kiépített úthálózatot találnak.

Metzingen azonban nyitott városként is kitárulkozik. Az európai népek barátsága és megértése jegyében hivatalos testvérvárosi kapcsolatok létesültek a franciaországi Noyon, az angliai Hexham és a magyarországi Nagykálló városával.

A közéletben és a társadalom legkülönbözôbb területein történô folyamatos kapcsolattartás és érintkezés hozzájárul ahhoz, hogy személyes baráti szálak szövôdjenek, valamint hogy a polgárok a baráti országok kultúráját megismerjék.

Testvérvárosi segítség és baráti kapcsolatok kötik össze Metzingent a türingiai Unterwellenborn községgel, valamint Auerbach városával és a szászországi Weinböhla községgel is.

1. Auflage 1992.
© Copyright 1992 by Silberburg-Verlag Titus Häussermann GmbH, Tübingen und Stuttgart.
Alle Rechte vorbehalten.
Abbildungen: Arbeitskreis Stadtgeschichte, Metzingen: Seite 15 links unten. – Firma Hugo Boss AG, Metzingen: Seite 67 unten. – Firma Gaenslen & Völter, Metzingen: Seite 13 unten. – Manfred Grohe, Kirchentellinsfurt: Buchrückseite, Seite 24 links, 32, 33 unten, 49, 51 rechts, 52, 55, 57, 62 unten, 73, 87 rechts, 88 rechts oben und rechts unten. – Irmela Lehmann, Metzingen: Seite 43. – Karl Schnizer, Metzingen: Seite 29 oben, 80 rechts. – Silberburg-Verlag, Tübingen und Stuttgart: Buchvorderseite, Seite 20, 23, 26. – Staatliche Museen Preußischer Kulturbesitz, Berlin; Foto: Jörg P. Anders: Seite 8 oben. – Stadtarchiv Metzingen: Vorsatz, Seite 2, 7, 8 unten, 10, 11, 12 beide, 13 oben, 14 beide, 15 links oben, 15 rechts, 36 oben, 39. – Strähle Luftbild, Schorndorf: Seite 9. – Alle anderen Aufnahmen: Arnold Handel, Dettingen/Erms.
Reproduktionen: Schwabenrepro, Stuttgart.
Druck und buchbinderische Verarbeitung: Schauenburg Graphische Betriebe, Schwanau.
Für dieses Buch wurde chlorfrei gebleichtes Papier verwendet.
Printed in Germany.
ISBN 3-87407-142-1

Blick vom Weinberg auf Metzingen, 1912.